D1606478

Colecția $\sqrt{5}$

HERG BENET
PUBLISHERS

2015

Herg Benet Publishers
Str. Inișor nr. 8, sector 2, București, România
www.hergbenet.ro
editor@hergbenet.ro

Pe copertă: pictură de Iulia Șchiopu

Descrierea CIP a Bibliotecii Naționale a României
ROTAR, PETRONELA
Efectul pervers / Petronela Rotar. - București : Herg Benet, 2015
ISBN 978-606-763-026-8

821.135.1-1

CORESI
Tipărit la C.N.I. „CORESI" S.A.

petronela rotar

efectul pervers

HERG BENET
PUBLISHERS

efect pervers:
consecință neintenționată, neanticipată;
care apare în detrimentul efectului așteptat sau propus

supravieţuire

mă întorc la poezie cum m-aş întoarce la mare
intru în ea desculţă
şi goală
şi temătoare
mai întîi pînă la genunchi
apoi tot mai adînc
pînă la sîni, pînă la umeri, pînă la buze
iau o înghiţitură zdravănă, sărată
mă las trasă de curenţi
ameţesc

n-am niciun bolovan şi niciun buzunar
dar nici marea nu e river ouse
să am nevoie de unelte

primăvara

apoi am zis că ar cam fi timpul să lăsăm
primăvara să fie
copiii să fie
să ne lăsăm pe noi să fim
să fim fericiți
să facem un contract pe șapte ani
cu posibilitate de prelungire
fiindcă, vezi tu
fericirile mele au durat, toate
doar trei luni în cap
în al meu, firește

fiindcă după teamă vine furia
și după furie, tristețea
și după tristețe, iubirea, iubire

vara

nu mai fi egoistă, mi-ai spus
frumusețea asta a ta trebuie împărtășită
nu o poți ține doar pentru tine, nu simți?
și cu un singur gest mi-ai dat foc hainelor
ele ardeau sfîrîit, sutienul de dantelă neagră
mi se răsucea în foc
am întins mîna să-l salvez dintre limbile ascuțile
ale flăcărilor
m-ai oprit
let it go, sînii tăi sunt mai frumoși liberi, mi-ai spus
și m-ai trimis să deschid goală băiatului care
livrează pizza
și tot goală să mă plimb pe aviatorilor
pînă în piața victoriei
și tot goală apoi, mai departe, înspre drumul taberei
goală la metrou, goală pe bicicletă, goală pe jos
goală, goală, goală
expusă, atît de vulnerabilă
la metrou oamenii și-au frecat hainele jegoase
de pielea mea
pe scările rulante și-au frecat privirile, lubric,
de trupul meu dezgolit
în parc un bătrînel s-a ridicat de pe o bancă
de la soare
și mi-a făcut loc să mă încălzesc
aveam tălpile zdrelite de atîta umblet și murdare
cît o să mă mai lași așa dezbrăcată, ți-am strigat
nu am unde îmi ține banii și cheile, o să rătăcesc

flămîndă, neadăpostită
şi nici nu cunosc prea bine oraşul acesta imund
mă vor hăitui cîinii lui toţi
vor rupe hălci de carne neprotejată din mine
tu nu ai zis nimic
ai continuat, imperturbabil,
să întreţii focul cu ultima mea pereche
de superstari

toamna

aş vrea să te întîlnesc într-un oraş în care plouă
mereu
pe străzi pustii şi ude
cu felinare jumătate stinse şi trotuare şi ferestre
murdare

aş vrea să te iubesc într-un oraş
în care nu mai locuieşte nimeni
în care toţi oamenii au murit subit
fără păreri de rău

te-aş mîngîia pe tejghele de alimentara părăsite
printre vitrine sparte şi conserve de peşte
ţi-aş arăta ploaia deasă şi te-aş minţi că ninge
şi de aia ne e atît de frig

te-aş părăsi într-un oraş în care plouă încontinuu
cînd nedumeririle încetează să ridice din umeri
şi cad, indiferente
ca merele putrede
în locul unde se termină bucuria şi începe
sfîşierea

iarna

mă urc în maşină.
închid bine geamurile
dau drumul tare la muzică.
şi urlu
urlu
urlu
urlu
şi urlu

pe străzi
doar zăpada murdară

I

singurătatea e un bărbat căsătorit și nefericit
care nu are curaj să plece
din nicio parte
în nicio parte

a doua vară

e minunat să te bată soarele în cap
cînd te preumbli pe stradă
să iei în față, neprotejat, toate razele lui UV
e minunat să inspiri gazele de eșapament
tehnologia e minunată, progresul, evoluția
sunt minunate picioarele groase ale femeilor tinere
hainele lor mult prea strîmte
obrajii lor îmbujorați, limbile lor asudate,
gata să se împletească, să se împerecheze
e minunat începutul de vară cu mercur retrograd
cînd economia se prăbușește și rămîi fără job
sub cerul albastru ca alcoolul sanitar
Mona și soarele aspru de iunie
crede-mă cînd îți spun că e mișto
sunt minunate prohaburile umflate ale bărbaților
ca niște coconi
ca niște omizi gata să eclateze, să se transforme
în fluturi
e minunat aerul galben-verzui din jurul lor
în vara asta picioarele groase vor întîlni viermii
de mătase
se vor deschide, îi vor înghiți
prematur,
sub soarele aspru de iunie
crede-mă
totul e minunat
preaminunat
pînă și faptul că în secolul ăsta poeții încă mor

de foame
și poezia nu a salvat pe nimeni
cu adevărat

a treia vară

te întinzi sub soarele mediteraneean
închizi ochii

un bărbat în uniformă militară
se apropie
I don't want to bother you, beautiful lady, but I
was there, sittin' on that terrace and you passed by
and I thought to myself: this is the most beautiful
woman and the most beautiful haircut
îl alungi cu mîna cum te ferești de o muscă
I'm here for the sun, not for the conversation
or the compliments, for that matter

iar el se duce la locului lui și continuă să se holbeze
ore în șir
pînă i se usucă ochii

mult mai tîrziu, abia cînd vine ploaia
începi să scapi de senzația că ești urmărită
tot timpul tot timpul

II

singurătatea e o femeie cu sîni goi
ieşind din apă
pe care nu o priveşte nimeni

a doua toamnă

nu-mi mai aduc aminte de cînd plouă
doar cerul coborît pînă la pleoape
vînăt şi greu
foarte puţin mozart în maşina murdară
nişte pastile – glucoză cu magneziu
cît să nu cad din picioare
cea mai tristă carte din lume
pe noptiera mea

(fireşte că sunt meteosensibilă)
de data asta sfîrşitul lumii a fost o poartă încuiată
(mă epilasem special pentru tine)

adun bucurii cu de-a sila
îmi fac provizii în loc să pun murături
fac colaje:
suprapun vorbe peste bucăţi de cer
lipesc atingeri peste dimineţi întîrziate
iau poezia şi o împrăştii peste frig
presar uşor
să nu sperii musafirul de pe terasă care fumează
şi priveşte absent

(uită-te pe geam: se înserează)
dansez
tu taci
eu dansez mai departe

a treia toamnă

duminica
mă plimb singură printre oamenii oraşului
ca printr-o haită de cîini aţîţaţi

III

singurătatea e un selfie
în care rîzi hohotit, nefiresc
făcut chiar în seara zilei în care a strîns tot și-a plecat
de tot

a doua iarnă

dimineața asta e rece și țeapănă ca un cadavru
cu ochi sticloși, pe jumătate închiși
dă-mi o monedă de-un ban să-i acopăr

nu-i mai suport

a treia iarnă

anunț:
întrețin pe timpul iernii bărbați fără serviciu
și consistență
preferabil indisponibili emoțional
mă ofer să salvez exemplarele dependente de
substanțe și stări
eliberez necondiționat la primăvară și reparare
rog seriozitate

turism

sunt o vilegiaturistă
dependentă de vacanțe și mări
de zece ani mă duc singură acolo unde alții își fac
luna de miere

în suduri nu mă știe niciun suflet
niciun ochi
sunt o vilegiaturistă singură, necunoscută și bronzată
mănînc halloumi și beau vin
și fumez
și uneori reușesc să trec neobservată

mă pricep de minune să fiu vilegiaturistă:
cînd e soare, stau întinsă pe șezlonguri și citesc
cînd plouă, mă plimb pe străzi șiroind
dar e bine,
înot în apa caldă și nimeni nu-și dă seama că plîng

IV

singurătatea e o spinare de femeie frumoasă
care se strînge în poziție fetală
în lenjeria de pat de două persoane
noapte de noapte

nomenclator

în timpul meu liber
sunt îngrijitoare de ego
iar asta e o meserie teribil de grea
și extrem, dar extrem de prost remunerată

specializarea mea e să îngrijesc cu precădere
egouri masculine
ele se dezumflă cel mai ușor
și necesită reșapări repetate

am cîteva tehnici foarte eficace
de pildă, atunci cînd îi iau de mînă și îi plimb
prin mulțimi
bărbații devin deodată mult mai înalți
li se îndreaptă spatele și le dispare complet burta
pînă și umerii li se lățesc
iar penisul, ohoo, se mărește grozav
ajunge la lună

cei mai bolnavi dintre ei
necesită îngrijire permanentă la pat
zile și nopți
săptămîni
de veghe și transpirații și chin
dar merită efortul, căci după cîteva luni își revin
complet
și atunci dispar subit
iar eu primesc în dar, de fiecare dată

o diplomă pe care scrie cu litere mari
FELICITĂRI
EGO REINSTALAT CU SUCCES

efectul pervers

e frig și umed și întuneric
aici pe soclul pe care m-au suit
mi-au amorțit picioarele
și sunt tot mai singură cu fiecare ceas

uneori mă apucă spaima și țip
țip tare deși nu mă aude nimeni
dați-mă jos, vă rog, locul meu nu e aici
de ce m-ați cocoțat pe piatra asta umedă și rece
vreau să ies cu voi în oraș la cafea
să mă sunați să vă interesați cum îmi merge
aici sus nici măcar semnal la telefon nu am
dați-mă jos, vă implor
vreau să ne plimbăm cu bicicleta
să mergem să vedem un film norvegian
la multiplexul din mall
sau pe canapeaua din hall

e frig, e tot mai frig aici sus
și-s tot mai singură
nu am nici măcar un șal mai gros să mă acopăr
nimeni nu mă caută – ca să nu mă deranjeze
nimeni nu mă crede că nu am ce căuta aici
arareori vine cîte cineva, se minunează și pleacă
nici nu m-aude cînd strig
de parcă toată lumea ar fi surdă și mută de mine

poezia
cu aripile ei ferfenițite
trece indiferentă și rece

electroencefalogramă

e foarte greu să trăiești într-un cap gol
dar și mai greu e să ieși din capul ăla unde e gol
și frig
mi-a scris într-o zi din senin

îmi pare rău, nu te pot ajuta
i-am scris înapoi
problema mă depășește cu totul
eu locuiesc într-o casă tot mai goală
mă zbat să dorm într-un pat foarte gol
să trăiesc într-un trup vidat afectiv
dar nu știu nimic despre capete goale
capul meu e tot timpul plin-plin
și fierbinte

există medici pentru asta
pentru capete pline-pline, zic
te trimit să faci EEG-uri
îți pun diagnostic: activitate cerebrală continuă
și îți prescriu pastile de parc-ar apăsa un buton
de restart
(activitatea cerebrală continuă
e chestia aia care îți scurtcircuitează mintea
și nu te lasă s-adormi
e capul plin-plin
și fierbinte)

dar pe tine nu te pot ajuta,
habar nu am despre capete goale
eu trăiesc într-un cap unde nu mai e loc de nimic

cocoon

învelită în gogoașa de mătase
pe care n-am țesut-o eu
sunt un vierme claustrofob
care nu devine niciodată fluture
doar putrezește
încetul
cu
încetul
cu
încetul

V

singurătatea e o femeie ce aşteaptă
înfricoşată menopauza
între cearşafuri nepătate

sindromul cuibului părăsit

o femeie de aproape 40 de ani
are o colecție impresionantă de sindroame
pe care le-adună în cutia toracică
ca pe comori

dăunăzi am citit
despre sindromul cuibului părăsit
am toate simptomele:
casa mi-a devenit un deșert nesfîrșit
de mărimea saharei
ca să ajung de la baie în living îmi ia ore întregi
camera fetelor a devenit camera fetei și apoi va fi
doar o cameră-n plus
iar sînii mi se umflă și încep să picure lapte
ori de cîte ori văd
poze cu bebeluși

sindromul insulei

n-am unde evada din corpul ăsta
n-am unde evada din locul ăsta
n-am unde

mi-a fost o gazdă bună pînă de curînd
iar eu, un parazit cu adevărat cumsecade
l-am spălat temeinic după fiecare folosire
i-am dat să mănînce, să fumeze și bea
iar într-unele seri i-am dat alte corpuri calde
să uite

dar acum
uite
sincer vorbind
îți spun: am petrecut suficientă vreme aici
aș vrea să plec puțin
înainte să cadă

sindromul stockholm (I)

din copilărie am foarte puține amintiri
din copilăria timpurie, aproape deloc:
(a început, din ce spune bunica,
înainte să fi împlinit trei ani)
cîteva amintiri suprapuse, vizuale
scene alb-negru, filmate pe VHS
calitate foarte slabă, cu dropuri
antebrațul puternic, mîna grea de muncitor,
aspră, crăpată
lovindu-mă peste cap, cu putere
ocările, insultele
apoi iar mîna lovind
eu sunt micuță și smeadă cu ochi mari și negri
scăpărînd de lacrimi și ură
mucii curgînd, de la plîns, gura cu colțuri atîrnînd
am în cap o căciuliță croșetată de ață albă și
ștrampi albi
croșetați și ei
ne țin bine părinții
îmbrăcate frumos și curate mereu
sunt doar cîteva scene clare:
e seara aia de iarnă, cînd taie porcul în cămara
din spatele curții
mirosul greu de măruntaie și grăsime
se repede cu pumnii asupra mea, urlă
nu-ți place mirosul, ai grețuri, las' că îți dau eu
grețuri

ies la poartă și stau atîrnată de clanță
tremurînd
mama nu spune, niciodată, nimic
e după-amiaza aia cînd mă lovește atît de tare
încît dau cu capul de frigider
oglinda de pe masă, în scop educativ
să mă văd singură cît de urît mănînc,
de față cu musafirii
toate cinele în care se ridică peste masă
și mă lovește peste cap
întotdeauna peste cap
acolo unde trebuie să-mi intre
mama nu spune, niciodată, nimic
toate nopțile în care nu dorm
și mă duc înfricoșată la ușă
șoptesc: mama, ajută-mă, nu pot dormi iar
fă ceva, dă-mi ceva, nu mai pot
se trezește și ridică palma, lovește în întuneric
vrei somnifer, îți dau eu somnifer
mama nu face, niciodată, nimic
lovește fără milă, cu putere, fără oprire
ca într-un dușman de aceeași seamă cu el
nici nu cred că mă vede, mică și slabă
îmi vede doar ochii
nu îi las în jos nici de-ar fi să m-omoare
îl țintuiesc mut cu privirea
nu plîng
nu îl rog să nu dea

petruța,
spune-i lui tanti
pe cine iubești tu mai mult și mai mult
pe tati
sau
pe mami

sindromul stockholm (II)

unui tată abuziv îi urmează firesc,
unul sau doi iubiți abuzivi, cel puțin
dacă nu cumva, din neatenție, toți

iar sindromul stockholm ar putea fi atunci cînd
băiatul pe care îl iubești e părtaș
și vinovat de viol, de exemplu
(dar nu ai de unde ști asta cînd ai doar 16 ani jumate
un himen intact încă
și un vid afectiv de 46 de kilograme în viu
cînd te duce de mînă, de mînă te duce, de mînă)
iar mai tîrziu îl crezi că nu a știut
îți spui că a fost tot timpul, oricum, vina ta
îi faci un copil
îl îngropi creștinește
îl plîngi cîțiva ani lungi
îi scrii o scrisoare
i-o lași pe mormînt

defunctule,
mai ții minte cînd
(la cîteva luni dupa moartea ta, cînd amenajase
mă-ta camera ta și o tapase cu poze în care îți țineai
fericit soția din mariajul de șase luni în brațe,
o sărutai, o aruncai, o prindeai, te uitai la ea cu
privirea aia pe care o credeam rezervată doar mie)
am urcat într-un suflet pe bicicletă si am pedalat
îngrozitor

către dealul unde te-au înmormîntat să scuip
cu obidă
pe mormîntul tău, încă proaspăt?

ascultă,
nu am înțeles multă vreme
de ce ai murit așa și mi-ai resetat
(cum resetează magnetul gps-ul, căci tu erai
un tip teribil de magnetic, my darlin')
viața și traiectoria deja setată
prietenii tăi spuneau că te-ai sinucis
milițienii, că a fost un accident stupid
iar eu nu am putut spune nimic ani în șir
căci despre morți, se știe, numai de bine
prietenii te-au trecut în rubrica amici interesanți
dar morți
milițienii la rubrica accidente cu un mort
iar eu te-am înscris cvasi-definitiv în sistemul meu
ca pat al lui procust
(un pat ce a fost mereu prea mare, niciodată mic,
bărbaților care ți-au urmat, trebuie spus)
te știam frumos
te știam dat dracu' de deștept
tu vedeai filme bune și ascultai muzică grea
mă iubeai mult și continuu și bine
aveai cel mai mare sex din sud-estul europei
cea mai tare vrăjeală
aveai farmec și cînd erai beat
erai motherfucking trendsetter
în jurul tău roiau femei și bărbați deopotrivă

mi-a luat 15 ani să te văd:
un afemeiat nenorocit care și-ar fi tras-o
și cu sor-mea
un mincinos par excellence
disimulator
pendulînd veșnic între o viață cu mine
și alte cîteva paralele
(o abilitate vrednică de admirație, de altfel,
dragul meu mort)

ascultă,
ai fost doar primul dintr-un lung lanț de dezamăgiri
de minciuni sfruntate
de reiterări ale senzațiilor de gol în stomac
de prăbușire la aflarea frînturilor de adevăr
de goliciune și moarte și nimic la aflarea
adevărurilor întregi
ai fost primul bărbat protezat de mine dintr-un
șir de infirmi sexuali

ascultă,
gîndesc că e mai bine așa
și că ai murit la timp, pîn' la urmă

sindromul tourette

'tu-vă morții mamelor voastre
de neterminați și lăbari
'tu-vă în curu ăla mare mamele castratoare
care v-au trasformat în grămezi de rahat
lua-v-ar dracu' cu gena lașității cu tot
cu nevoia de a domina și a crea dependență
nerezolvaților psihic și lașilor
speriaților
lipsiților de coaie
pulifricilor
nu v-ar mai ține naibii pămîntul!

(asta nu e poezie, veți spune
așa e, aveți perfectă dreptate
e țipăt)

VI

singurătatea e un pui de pisică
pe care tac-tu îl zdrobește de zidul vecinului
sub ochii tăi
dintr-o singură mișcare

tablou de familie

mama mea mi-a spus prima dată
că mă iubeşte şi e mîndră de mine
acum un an, într-un comentariu pe facebook

sentimentul că ai o familie
e opţional
dacă vrei să ai una, îţi faci una

noi am fost săraci
nu mi-am permis decît o familie mică
trei membri

manualul singurătăților

există o singurătate cu care te naști
care te urmărește din anii copilăriei mici
atunci cînd tac-tu te lovește în cap
și te izbește de frigider

o singurătate densă
care te însoțește în anii de pubertate
pe timpul primului tratament psihiatric
de care uiți doar atunci cînd citești

o singurătate prețioasă
pe care o porți ca pe o bijuterie în adolescență
care te izbește violent
abia în primele clipe ale unui viol

o singurătate cumplită
a văduviei premature
cînd aproape te dezintegrezi
de durere și spaimă

există și o singurătate
a mamei care crește copii fără tată
prin care înaintezi soldățește
nu ai voie să oprești

e o fiară încleștată în spinare

de fiecare dată cînd întorci capul
te privește cu ochii ei galbeni sticlind

curriculum vitae

tragediile celorlați sunt infinit mai discrete
îmi spun mereu
cu autodispreț

viitor

trăiesc la întîmplare
nu știu niciodată ce voi face mai departe
anul viitor, de pildă

mă prind în cîrligele
pe care mi le întind zilele
ca o scrumbie la soare

nu refuz nimic
nicio durere
nu ratez
nicio lovitură
întorc întodeauna
celălalt obraz
nu mă enervez
nu fac planuri
nu urăsc nimic
și pe nimeni
în afară de mine

prezent

o femeie frumoasă, puternică și foarte si(n)gură
are destule constante
firește
o dată pe lună își vopsește negru rădăcinile albe
parchează întotdeauna în același loc
se trezește la ore fixe, își bea nesul cu lapte
privește de pe terasă orașul de sus
are hainele mereu spălate și călcate
podeaua lustruită oglindă
picioarele perfect epilate
și șase cărți începute la capăt de pat

o femeie frumoasă, puternică și foarte si(n)gură
are telefonul mereu încărcat
internetul plătit și pornit
deși nu o caută nimeni
ea știe că nu o caută nimeni
pentru că nimeni nu vrea să aibă de-a face
cu ființele pe care le percepe aproape perfecte

o femeie frumoasă, puternică și foarte si(n)gură
are patul plin de șerpi și șopîrle cu sîngele rece
care i se încolăcesc pe picioare, i se tîrăsc peste
pubisul ras
și nu o lasă s-adoarmă înainte de unu
înainte de două

înainte de patru

niciodată înainte de patru

VII

singurătatea e celalaltă piele a mea
pe care o îmbrac
pe dedesubt
direct peste oase și carne

celălalt timp

e timp
e timp berechet
timp să frînezi înainte de zebră
timp să albești
timp să mai faci încă o școală
și încă o școală
și măcar un doctorat
timp pentru plimbarea de seară
pentru somnul de frumusețe
pentru zacusca și gemul de iarnă
pentru încă două poeme
și două singurătăți
cel puțin

e timp berechet
să sărăcești
sau să strîngi bani în conturi bancare
cu care să plătești facturi și să îți iei cărți
și bilete de avion
compulsiv

să uiți de cîteva ori același om
să te uiți pe tine
să te uiți în tine
să te cauți pe tine
să te ierți pe tine
sau să pretinzi că totul e bine, oh, da, totul e bine
pînă la sfîrșit

e timp și să înțelegi că tot cu ce vei rămîne
vreodată e clipa de-acum
și blîndețea

și blîndețea

ultima dată cînd am făcut dragoste

(luni bune în urmă, era încă foarte vară)
o vacă se apropiase periculos și se uita cu ochii mari
la mine
era o vacă la fel ca toate vacile
puțin bălțată, cu clopot de gît
nu se deosebea cu nimic de vacile de care
mă punea mama
să mă ascund după poartă cînd veneau seara
pe strada de la pășune
vezi să nu te-mpungă, boala naibii, hii, boală
iar eu stăteam pitulată și nu mă mișcam

cu o vacă vie așa de aproape, băgîndu-și botul
umed între voi
nu se poate face dragoste
poate doar în cazul în care știi dinainte că aia e
ultima dată
și-atunci reziști tentației de a te desprinde și strigi
hii boală, boala naibii
fiindcă e de rîs și de speriat, admite,
să faci dragoste pentru ultima oară
atît de aproape de coarnele unei vaci

a doua dimineață după ultima dată cînd am făcut
dragoste
(luni bune în urmă, era încă foarte vară)
am fost părăsită fiindcă mi-e frică de vaci

ultima dată cînd am iubit un bărbat

(ani buni în urmă, era înainte de criză)
am devenit claustrofobă
era un bărbat minunat, supraetajat, model șaptezeci
perfect întreținut
cum rareori mai găsești în zilele noastre

la parter locuiau el însuși
și o insesizabilă criză de identitate
care lăsa păr grizonant peste tot
la primul etaj își instalase soția, firește
iar sus de tot, în mansardă, se juca un copil
(era o construcție literalmente superbă)

cu un bărbat supraetajat nu poți face prea multe
e pur și simplu prea voluminos
nu încape pe străzile înguste
iar în hoteluri rămîne pe hol
cînd se mișcă spre tine se încălzește prea tare
construcția se zguduie groaznic, din temelii
copilul începe să plîngă isteric
iar soția îi aruncă găleți cu apă rece în cap

și atunci, răcorit bine, bărbatul supraetajat
se oprește
(numai tu nu te poți opri din iubit)

VIII

singurătatea e o prezență atît de concretă
încît se așază cu tine la masă și comandă obraznic
o porție de paella pentru doi

necrolog

e una din nopțile alea în care te miri că n-a murit
nimeni
în care te miri că n-ai murit tu, mai ales
trezită dintr-un vis în vis
în care erai prinsă sub gheața unui rîu
și în același timp și deasupra
te gîndești la moartea ta și știi că tu vei muri
tînără
vei muri aproape
vei muri de tot
de tot
(iar asta te bucură în loc să te sperie
ca în celălalt vis în care aflai că ești bolnavă
incurabil și zîmbeai, netemătoare
carevasăzică mor, în sfîrșit
mor)

după moartea ta
te vor îngropa
dar nu în pămînt, ci în necroloage
toți prietenii tăi de pe facebook vor scrie
pe peretele lor despre tine
vor scrie RIP
că ai fost așa și pe dincolo
se vor da șocați și îndurerați
vor depune flori virtuale la capul unui cadavru
virtual
vor da share și like

după moartea ta
vor folosi fiecare cadru filmat
vor face filmulețe cu cadre scurte, rapide
fără să știe că viața ta n-a fost cut/cut ca o știre
ci scene lungi, dureroase
ca într-un film de kurosawa
că ai trăit cu senzația că ești filmată neîncetat
cu o cameră în ralanti:
cînd conduci
cînd te dezbraci și intri la duș
cînd te speli pe dinți
cînd scrii în pat cu laptopul pe genunchi
cînd plîngi
(și de asta, fiecare gest e impecabil,
fiecare postură studiată
ești frumoasă și cînd ar trebui să fii urîtă)

după moartea ta
se vor strînge la capul tău toți bărbații
care te-au iubit
care nu au știut să te iubească
care te-au părăsit
pe care i-ai alungat
se vor aduna cu toții și se vor suspecta unii pe alții
își vor da mîna și se vor preface că te-au cunoscut
superficial
că nu sunt personaje în textele tale
că nu sunt, pur și simplu, acolo, decît întîmplător

după moartea ta
trei zile vînzările o să crească

cît să îți iei o urnă luxoasă
de argint vechi, filigranat
ca un pocal de împărtășanie

a patra zi după moartea ta
te vor uita cu toții
te vor uita aproape
te vor uita de tot
de tot
e una din nopțile alea

IX

singurătatea e formulă matematică pură:
(asta e evident pînă și pentru cineva ca mine)
coeficientul de însingurare crește
direct proporțional
cu numărul de aplauze, admiratori și oameni
care te iau drept model

Cuprins

Cărți de Petronela Rotar
apărute la editura Herg Benet:

O să mă știi de undeva
Alive
efectul pervers

Herg Benet Publishers
Str. Inișor nr. 8, sector 2, București, România
www.hergbenet.ro
editor@hergbenet.ro

Bun de tipar: octombrie 2015. Apărut: 2015